JN439568

풍경이 지워지는 저녁이면

홍금자 시집

계간문예

풍경이 지워지는 저녁이면

시인의 말

매몰된 시간
거의 오년 여의 시간이 갇혀있었다.
역병 속에 모든 일상이 멈춰 버린 듯했다.
영혼조차 날로 시름시름 앓기 시작했다.
참으로 무서운 홀로의 시간이었다.
하관 직전의 시들을 깨웠다.
2018년 이후의 작품들이다.
이미 문예지에 발표했던 시들이다.
아직 활기를 찾기엔 시간이 필요하지만 더 이상의
침묵은 시에 대한 예의가 아닌 듯 싶어 햇살 밝은 날
세상 밖으로 머리를 내밀어 본다.

2023년 팔월

홍금자

축하글

어여쁨이야

어찌 꽃뿐이랴

2023년 팔월

허영자

■ 차례

제2부 시간 위 각질을 벗기다

제3부 그 궁금한 저녁

제4부 이렇게 말해도 될까요

제1부

저만치 봄 강이 흐른다

저만치 봄 강이 흐른다

삶은 아직도
깊고 추운 겨울이다
언제쯤 끝날지 모르는
긴 어둠의 길 위에서
방황하는 영혼들

가장 뜨거운 심장
흐르지 못하는 시간들이
기약 없는 한복판에
서서 잠들고 있다

이제 남은 눈물도 기진해
더는 슬퍼할 기력조차 말랐다

저만치 봄 강이 흐른다

주여,
이 땅 이 백성에게 당신의
부드러운 큰 손 내밀어 주소서

유년의 풍경

아득히 하늘이 내려앉은
원시의 안식처
거기 솜털 뽀송한
어린 것들의 따스한 숨결들

지독한 삶의 시간
한끝을 잡고
연한 초록의
싹을 틔우고 있었다

우주의 어느 행성에서
날아온 사람들처럼
너무나 낯선 지상의 통증
그리고 숱한 어둠 속
어린 형제들의 콜록임 소리
문 꼭 닫은 채로 들려온다

잠 못 드는 밤
오래된 뿌리처럼
단단히 박혀진

유년의 땅에서
아직도 환청으로
남아있는 아픔의 덩이

불면의 시간

저녁나절의 긴 그림자
차츰 어둠 속으로
빠져갈 무렵
이때부터 불면이
몰입되는 시간이다

오늘 밤도
초봄의 나무들이
서둘러 몸을 푸는 순간
곁 나무에서 잠 깬
텃새들이 숨죽여
엿듣는 비장한
사랑의 열매
그렇게 봄은
충분히 뜨거웠다

눈 뜨면 지워지는 꿈조차
만나지 못한 채

새벽까지 불면은
한 알의 알약이 필요했다

겨울 지나 봄

봄의 절정에도
몸 풀지 못하는 설벽*

사위어지지 않는
거대한 눈의 탁본
수억 년 동안 간직한
설산의 더께

몇 광년쯤 떨어진
센타우리**에서
빛의 속도로 찾아와
설산을 달래보지만
좌선하고 앉은 채
지상의 꼭짓점에서
고해성사하는
자연의 고백을 듣는다

'봄은 너그러운 손으로
갇힌 것을 풀어주는 전사' 라는 전언
이 봄 등허리에서 듣는다

*설벽 - 일본 나가노현 알펜루트 설벽
**센타우리 - 지구에서 4.3광년 떨어진 별

파랑이 일다
— 신종코로나19바이러스

낯선 미지의 이름
신종 코로나19 바이러스
인간세계에 침범한 무법자
눈 뜨면 사망자
확진자의 계수는 늘어나고
하루를 또 견뎌야 한다

'코스트 격리'
'사회적 거리두기'
참으로 생소한 언어들이다
조여 오는 목숨의 길이
목구멍을 타고 내리는
쓴물 같은 멍든 폐들의 반란
밑바닥의 통로가
비밀처럼 어둠에 갇힌다

하루아침에 세상 나라들이
빗장 걸고 스스로 갇혀
코로나19로 추락해 버렸다

마스크 없는 슬픈 백성들
하루의 키가 한 뼘씩 줄어드는
파랑이 일고 있다
스스로 출입구를 찾아야 한다
날마다 유서 쓰듯
서로의 안부가 슬프다
이제 우리는 이 공포의 땅에서
마침내 생의 광야로 뛰어나와
"다마르*에 귀 기울여 보라"
"이 또한 지나가리라."**

*하나님 말씀
**솔로몬의 지혜의 말 중

이 황홀한 봄날

지금은 꽃샘추위 중
간밤에 노랑 입 오물거리다
산수유 일제히 꽃눈을 틔웠다

그간 목말랐던 갈증
낮부터 내린 봄비에
마른 입술을 적시고 있다

어쩌면 생의 절정에
터트릴 환희를 예시하듯
무한으로 걸쳐있는
삶의 빛줄기

사방은 때 묻지 않은
연초록이 눈부시고
능선마다 낯붉히는
진달래의 수줍은 교태

이 황홀한 봄날
기다림 뒤에 완성되는

계절의 목숨
불현듯 다가서는 저녁놀에
눈 밝히는 새로 태어나는 것들

인공지능의 곧은 목

인공지능 로봇에 서서히
무릎 꿇어가는 시대 앞에서
고대와 현대 그리고 미래를
넘나드는 시계바늘을 본다

아침 햇살 배어가는 길목 끝쯤
서럽게 몸을 부딪치며 걷는 사람들
지난밤을 아직 다 떨쳐내지 못한
약간의 핏기 섞인 눈이 바쁘게 서두른다
하루의 삶을 채찍질해대는
익숙한 조련공

목이 조이지 않도록
적당한 거리를 두고
살아있어 행복한 기쁨을
만끽하는 오정의 태양 아래
아메리카노 한 잔을 마시며
생은 끝없는 투쟁이라고
혼자 독백처럼 말 문 열자
저기서 로봇이 성큼성큼 걸어온다

"인간의 목숨은 내 손 안에 있소이다."

봄날 유혹

신발 벗고
푸른 잔디 위
이브가 되고 싶다

꽃을 피워
먼 산
붉은 혈액으로 돌고
따스한 햇빛
눈앞에서
잎새의 실핏줄 위로
아지랑이 피어오르는
지상의 호사 누리며
피조물을 위한 자비로
이 봄날
누구라도 그윽이 손잡고
어깨 도닥이며
가는 길 함께
우리 생 확인하고 싶은 날

삶이란 말

정리되지 못한 하루가
문을 닫는 시간

온종일 손끝에서
떠나지 못했던
땀내 절은 두 가닥의
가방끈이
이마를 벽에 대고
선 채로 잠을 잔다

한 날에 쓸려간
소소한 일상에서부터
바람에 휘몰려
흔적조차 없는
눈물 같은 것들
이제야
인생이란 단어를
암기할 수 있었다

지상에서만 만날 수 있는
삶이란 말
그 정갈한 절정 앞에서
만나는 별 하나
참으로 고귀한
위로의 비문
푸르게 새겨본다

산을 오르는 사람

산 위 별 뜨고
어둠 찬 산길을
허공 밟듯
오르는 사람

산맥 깊이
골짜기마다
산 향기에 기침하며
돌길 오르는 사람

계단마다
힘껏 뿜어 올리는
시퍼렇게 눈 뜨는
이 신새벽의
엄숙한 생 하나
살아가기 위해
쌓아 올리는 산 제단이다

해 질 때까지

오래 쌓여만 가던 시간들
더 이상 머물 수 없어
낡은 사진틀 속
박제가 된다

그토록 푸르던 꿈들도
허공에 날아간 지 오래
끄트머리쯤 남은 온기
한 자락 붙들고
궁핍한 단내 맡는
늙은 짐승처럼
세월을 타고 앉아있다

그래도 아직
누군가 나를 깨우면
생의 결산서
퍼즐처럼 맞춰
해 질 때까지
광활한 바깥
가난한 욕망으로
달려가 볼지 모를 일

적막

침묵 속 혁명
태극기가 펄럭인다

자유를 되새김하던
무리들이 바람에
나뭇잎처럼 흔들리고 있다

“역사를 거스르는
역사는 없다”란 말

오늘 한 잔의
목마름으로
다 자란 언어들
적막의 자루에 담는다

아버지의 시간

절뚝인다
곧은 척추 잃었다
퇴행성 관절염

고도를 기다리기
수십 년
어둠이 가실 때쯤이면
허리 굽혀
뼛속까지 스며든
흙냄새 맡던 아버지

이젠
빗소리도 달갑지 않다
논밭에 다 자란 자식들
그대로 혼자
클 수밖에는
안에서 안으로만 쌓여가는
무기력한 시간들

아버지의 몸에서
아버지가 빠져나가고 있다

햇살 끓이다

손가락 사이사이로
햇살 부서져 내린다

한 움큼도 잡지 못한 꿈
모래알처럼 빠져 나갔다

네팔 친구의 넉넉한
말 하나 그립다
스사마*가 다시
노래를 부른다

레쌈 피리리
레쌈 피리리
우레라 자우키
다레나 반잠
레쌈 피리리

실크 날개옷 입고 사랑하는 너에게
날아가고 싶다는 소망

꿈은 사라진 것이 아니라
바로 네 곁에 있단다

햇살 끓는
여름날 오후
너에게 건네는 말 하나

* 스사마 - 네팔의 시인 친구의 이름

독도의 북소리

둥, 둥, 둥
북소리 울려라
낮 동안 쉴 새 없이
이마를 찧던
파도도 물러가고

정수리 쫓던
갈매기들도
제 둥지로 날아간 지금
심장을 들끓게 하는
저 바다 속
뜨거운 가슴의
용혈을 아는가, 너

수천 년
한민족의 얼
낙관 찍은 채 지켜온
생명의 섬
인내의 섬이여

누구도 조국의 살결
용납지 않는
자존의 면류관
높이 들고
유성이 흐르는 이 밤
찬연히 빛나거라
우리들의 기폭이여
이 땅의 파수꾼 독도여

뛰어넘기

간혹 우리는
이 말에서 저 말로
어둠에서 밝음으로
악함에서 선함으로
뛰어넘기를 하지

부에서 빈곤으로
천사에서 마귀로
질서에서 파괴로
엎어치기 할 때도 있지

하늘의 별조차도
뛰어넘다 추락하는
저 별똥별 보아라

아, 나는 어디에서
떨어진 유성일까

생애 가장 쓸쓸했던 그때

벌써
그 땅을 떠난 지 오래
어릴 적 동화처럼
기억조차 아련하다
내 생애 가장 쓸쓸했던
고향이란 이름
늘 어머니 사랑이
그리움의 파편으로 남아
곳곳에 상처 난 흔적들

마당 한 켠
턱진 장독대에 올라
미어캣처럼 목을 빼고
내게 이어진 길을 더듬던
서러운 아이의
붉디붉은 심장

오늘 밤도
그때의 차가운 비애로
창백한 잠에 든다

흙이 되기 위해

펄펄, 펄펄펄
꽃잎이 한꺼번에
쓰나미로 떨어지는 사이
살아서 타 보지 못한 리무진 자동차
단 몇 시간 호강을 하며
최초의 말씀처럼
흙이 되기 위해 돌아갔다

떠나고 남은 온기
그의 부재를 생각하는
꽃 지는 봄날 오후

켈러피 인장처럼
가슴에 새겨진 낙관

고서로 쌓인 책과 책상 그리고 만년필
옆자리를 차지한 종잇장의 누적
주인 없는 것들의 이름은
모두 떠난 자의 체온이다

머지않아 눈 위의 발자국처럼
사라질 분신들의 명패, 그 과거형

제2부

시간 위 각질을 벗기다

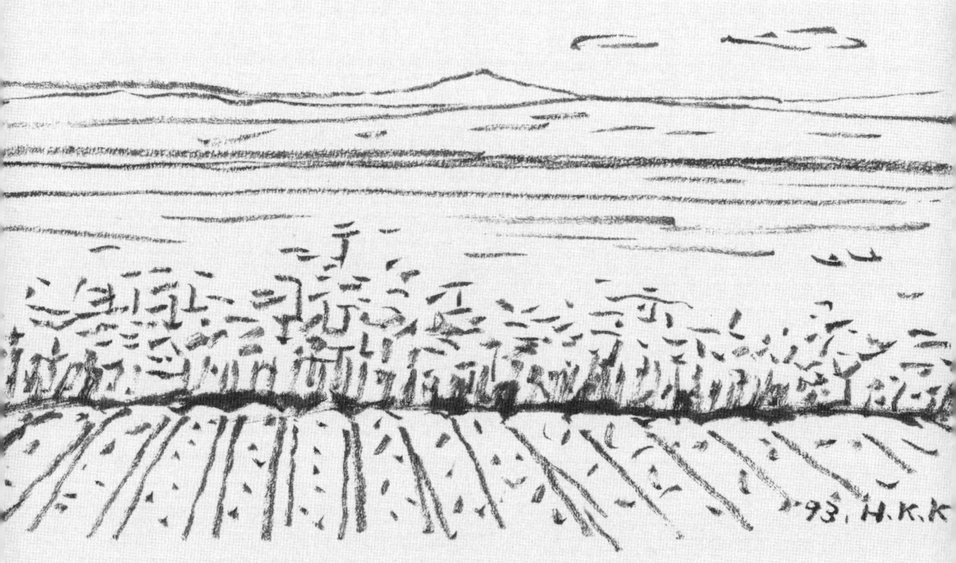

그리움의 식욕

혜화동 로터리
잎 넓은 버즘나무
찻집 2층을 기웃거린다

선한 그 눈빛
그 빈자리
채 마르지 않은
지상에서의 온기
아직 그대로인 채 남아
낙서 몇 줄로
그리운 식욕을 삼킨다

시간 위 각질을 벗기다

부리에 날개 죽지에 그리고
발톱에도 덕지덕지 각질뿐이다
이제 저 푸른 창공의 영역도 잃었다
날기를 포기하고 마지막 생을
기다려야 한다

멀리서 그 낡은 생각은
가짜라고 기별이 왔다
매일매일 근육 빠진
날개의 깃털을 골랐다
조금씩 무딘 날개는
떨어져 나가고
가벼움이 솟았다
이제 발톱 차례다
작은 걸음으로
돌아서는 견고한 각질
끝내 스스로 해냈다
새 발톱이 보였다
그동안 부리는 어느새
쪼는 무기가 되어

강력한 근육을 가졌다
아, 창공이 열렸다
하늘의 살 내음이 몸을 감싼다
다 버린 후의 신생
시간은 그저 흐르는 것뿐
그 위에 쌓인 늙은 각질들
날마다 벗겨야 한다

세월은 가도 시간은 늙지 않는다

행복한 외출, 학교가 즐겁다
— 일성여고 축시

새벽 햇살
이제 막 고물고물
퍼져가면서
서로의 등 다독여
기지개 켜며 일어선다

깊숙이 그늘진
골목길 빠져나와
소중한 파란 삶
조심스레 한 줄씩
밑줄 긋는다

너와 나
따뜻한 체온으로
꼭꼭 짚어가며 익힌
금강석 같은 언어들
어쩌면 우리들의
예쁜 이파리들이다
마악 사랑을 시작한
행복한 외출이다

문득 길을 잃은 날 이후
캄캄한 어둠 뒤에는
반드시 빛나는 아침 있다는
억만 년의 미래 향한 댓귀
심장으로 받았다

내일을 위한
경이로운 시간들
마음 속 이 말
미뤄두지 마세요
“난 기쁘다
학교가 즐겁다”

바로 이 순간
성장점의 절정 앞에서

구월의 품격

짙푸른 풍경 속에 구월이 있다
풍요한 잉태를 위해
한 나무의 풍경이 된다

열매 맺기 위해
고귀한 등 땀을 닦는다

붉게 몸을 여는 가을빛
격정의 시간들 모아
바벨탑 세우듯
사다리를 오른다

아직은 신열의 시기
황금 과실을 기다리는 시간

거대한 저울에
태양을 올려놓고
그 위에 다시
과수의 품격을 달아
아벨의 제사를 드린다

또 날은 저물어

목이 마르다
매일 TV를 통한
숱한 어둠의 소식들
언제쯤 맑은 햇살 볼 수 있을까

현기증 너머
시린 바람에 쓸려
다다른 곳
아득한 절벽

사람답게 사는 것은 무엇일까

아픈 생의 풍경들
상처 위에 다시 상처
핏물이 흥건하다

문 밖 출입조차 서럽게
쌓여가는 세월의 부피
또 날은 저물어 가는데
오로지 새살 돋을
그날을 기다리며

슬픈 겨울을 지나다

어두운 이 땅의
목숨 위로 눈 내리다
다시 눈 내린다
제일 반짝이는 말씀으로
적막의 고독에 내려앉는

서둘러 조국이란
이름 부르지 않으리
온 나라가 눈에 덮여도
덮이지 못하는
국정농단의 용광로

부끄러워 목이 메는
이 땅의 비천함

스스로 썩어 으깨진
아, 슬픈 내 조국이여

피 뿌려 간수한 선열들의
위대한 자존 잊었는가

얼마나 더 피 흘리며
걸어야 할까

어디쯤에서 흩어진 별들
반짝일 수 있을까

슬픈 바람 소리
귓불을 후려치며
달아나고 있다

영하의 날씨, 집으로 가다

올해 들어 제일 춥다는 날
종종 걸음으로 집 앞에 섰다

오늘따라 현관문이 생경스럽다
"전자 잠근 키"
알파벳 숫자로만 열 수 있는
집 문간에 서서 난 이방인이 된다

서로 닮은 집과 집 그 사이에서
다시 비밀번호를 기억해내야 하는 찰나
전두엽에 비상이 걸렸다

치매 앓는 노파처럼
도무지 숫자를
생각해 낼 수가 없다

가벼운 터치로 열리던 숫자판
손가락에 단내가 난다
참으로 난감하다

어둠 진 시간 앞에서
마지막 연설문의
끝 자를 잊은 자처럼
영하의 날씨를 견디는
목마른 저체온증

꽃잎 뚝뚝 내리고

봄꽃들의 반란이다
겨우내 스멀거리던
무수한 밀어들이
한꺼번에 꽃으로 피었다

머지않아
내 몸을 온통
붉은 반점으로
점령할 꽃가루 알레르기

봄이면 좀체
떠나지 않는
붙박이 바이러스

가난의 등짐을 못 이겨
큰딸을 도시로 보내야 했던
슬픈 어머니

골목길을 빠져나갈 때쯤
끝내 이름 부르지 못한

목 멘 울음의 아다다
꽃잎 떨어지는 길 위에
서러움이 뚝뚝 내리고 있었다

봄날을 읽다

그리움이 가시지 않는 건
무슨 때문일까
엘빈 창가에서
바깥 풍경 읽고 있던
긴 공상의 웃돌목
커다란 버짐나무 잎을 주워
시를 그리던 시간들
날마다 처음인 양
생의 첫 페이지를 채웠다

봄빛에 눈 시린 학다리 건너
물총새 떼 총총히 날개를 펴는
아픔 같은 여린 가지에
소문처럼 날리는 영혼의 소리
이제 다시 너를
그리지 않기로 한다
그저 약속 같았던 목소리만
기억하기로 한다

봄날을 읽으면서

기도

당신께 미치지 못한
저 기도 소리 되돌아서
나의 눈물로 남았습니다

어찌해야 할까요
기도의 끈 모자라
거기까지 다다르지 못한
어리석음을

당신의 길이 너무 멀어
때 묻은 발 절름거립니다

때때로
아프고 슬픈
나의 가슴에
당신의 말씀
가락이 되어 흐릅니다
조용한 평안 속잠이 듭니다
이 밤 꿈길에서조차
해독하지 못한 가르침 위에서
그네를 탑니다

생존의 교차점

생존의 교차점
정차 20초의 시간
서로가 옷깃 비벼대면서
시선은 어딘지 모를 곳으로
던져놓고 들어섰다
서서히 눈 안에 들어오는
얼굴들이 창백하다

일상은 무섭게 칼날을 세우면서
생존의 전쟁이 시작 된다
마포에서 여의나루를 지날 쯤
덜컥대며 빠른 속도로
미끄러지는 5호선
속도감에 온몸이 전율 한다
밖은 아무것도 모르는 척 마냥
푸른 물빛 두루마리로 흐른다
물속을 지나는 사람들
무슨 생각을 하고 있을까
모두가 고개 숙여 묵념 중이다

궤도 밖 세상을 잠시 잊는다
아무렇지 않게 지나는 일상
마치 ICBM에도 끄떡 않는
담대한 사람들처럼
지칠 줄 모르는 속도
그 위에 세상을 올려놓는다

기적이라 말하지 마라

지독히 암울한 세상에서
막막한 소망을 붙들고
날마다 속 빈 채로
갈대처럼 흔들리며
울음 울었던 그 여자

딸꾹질 하나로도
토해내지 못했던
지난 아픈 계절들
수십 년을 한 방향만으로
머리 두었던 그 여자

고갯길 오르면서도
힘들다 한마디 말
입 열지 않은 그 여자
제 길을 결코
벗어나지 않은 그 여자

누가 보도 위
벽돌 틈으로 피어오른
작은 꽃 보았을까
누가 생명의 그 꽃
기적이라 말할까
기어이 먼 길 돌고 돌아
만나는 너와 나
태초에 내린 한 줄기 빛
여기 오늘
광활한 땅에서
뜨거운 새 노래 부른다

그리움의 뒤끝

그리움의 뒤끝
떠나지 못하는
내 안에 깊숙이
새긴 문신 하나

벚꽃 그리고 시낭송

사월 봄꽃 축제
여의도 하늘무대가 열렸다

오정의 태양이
시를 붉게 익히고
꽃들을 숙성 시킨다

강물의 윤슬을 손끝쯤에서
쓰다듬으며 벚꽃들이
입을 오물거린다

아직 수줍어
만개하지 못한
꽃들의 연서
오늘밤 나무들의
수군거림을 엿듣는다
그렇지, 시를 읽고
얼굴 쏙 내미는 저 화사한 꽃들
시가 꽃잎의 마중물이다
꽃이 시요 시가 꽃인 날

삶의 언어

다시
흐르는 시간 속에서
삶의 언어를 모종한다

생의 목숨
날마다 마주하는 말과 말
때로는 너무나 생경스럽다
그 낯섦에서 생겨나는
말의 나라
조금씩 조금씩 다가가
말을 건넨다

너그러움 앞에서

내 기억의 경계에는
언제나 어릴 적 강이 흐르고
어떤 바람에도
끄떡 않는 충직함이 있다

비 내리면 비 맞고
눈 오면 눈 오는 대로
네 천진한 무한함의
너그러움 앞에서 지금
난 부끄럽기만 하다

삶의 헛헛함
더 이상
질긴 식욕으로만
채울 수 없는 어리석음의 병
그 병이 두렵다
이제 놓아버리고 싶다

어느 이승에서

촉촉하게 젖은
사월의 숲을 따라
불가사의한
운명의 신기루

칭얼대는 이승의 시간 들
아직 머뭇거리고 있는 것은
더불어 따숩게 이야기
나눌 사람 찾는 일
사랑할 사람 그리워할 사람
그 누군가가 남아있기 때문

손 놓지 못하는 일
용서하라 그리고 또 용서하라

계절의 무게

어머니는 늘
계절의 무게를
이고 사셨다

봄이 되면
밭이랑에 허리를 묻고
여름이면
고추밭 뙤약볕을
수직으로 받아낸다

가을
그 풍성함의 무거움

어쩌면 어머니는
짊어진 삶의 중량
스스로의 무게에 눌려
몇 번이고 주저앉으셨을 지도
모를 일 모를 일

제 3 부

그 궁금한 저녁

일기

오늘 날씨
참으로 괴괴하다

꽃망울 뾰족이
내미는 얼굴 위
회색과 어둠의
먼지를 쏟는다

첫사랑 뒤에 오는
씁쓸하고 쌉쌀한 맛
기억의 뒷벽에
또렷이 박혀
지워내지 못하는
시간처럼
오늘은 참
가늠할 수 없는
척박한 날씨다

누군가에게

길이 길에 연하여
끝없음같이
어딘가에 끈을 대고
살아가고 있지요

오랫동안 잠 안 자고
보이지 않는 내일을
생각해 보지요

어느 길이
행복한 길일까
잴 수 없는 저울질 하면서

누군가에게
밤새 대답 없는
물음표를 던지면서

봄눈이 사랑처럼

생의 내면으로 한순간
꽃잎 하나 떨어져 눕는 날

질긴 어둠 속 꺾이지 않는 목숨
끝내 손 놓지 않고 지켜낸
옹골진 외로움 속 슬픔 하나

부서지고 깨어지고 넘어져
더는 발 들일 수 없는 허전한
삶의 막막함 속에서도
꺼지지 않고 타오르는 불꽃

영원히 잠들지 못해 뒤채는
우수 날에 그대 향한 그리움

나의 사람아, 나의 사랑아
지금 달리는 차창 밖으로
봄눈이 사랑처럼 내립니다
마구 내리고 있습니다 그려

못다 준 사랑 하나

내 가슴 속 깊은 말 하나
언제쯤 말해야 하나요

봄 가고 여름 와도
입 열지 못하고 있는
분홍빛 사랑이란 말
언제쯤 말해야 하나요

여름 가고 가을 와서
거리에 낙엽 굴러도
입 떼지 못한 이 말
언제쯤 말해야 하나요

이제껏 말 못한 이 말
오직 너에게만 줄 말
소중한 이 한마디 말
언제쯤 말해야 하나요

너무나 눈부신 사랑의 이 말
언제쯤 말해야 하나요

푸른 생명을 보아라

작은 물방울이 오랜 시간
떨어지는 저울대의 힘

끝내 바위를 뚫는
가벼운 무게의 저항

단단한 돌과 돌 사이를
비집고 나오는
푸른 생명을 보아라

연약함이 강함이 되는
역전의 생
시간의 무게를 견딘다

세상 격랑의 소용돌이 속
닿을 수 없는 저 하늘의 별
다스리는 중

그 궁금한 저녁

공원 산책로 길옆
작은 돌 사이사이로
햇살 마시며
일어서는 생명들

묵념하듯 고개 숙인
수양 벚꽃 나무 아래
물 흐르던 기억들 살아
반질대는 자갈들을 깨운다

지난 사월쯤인가
아직은 차가운 물에
발 씻던 노숙의 이방인

건조한 생의 한 날
몇 번이고 몸 바꾸고 싶었을
우리들의 타인

지금쯤 문 밀고 들어가
한 여자의 퇴근 인사

받고 있을지도 모를 일
그의 뜨거운 소식이
궁금한 이 저녁

세월은 가고

비 온 뒤
저녁 하늘
질펀히 깔려있는
노을
진홍빛 연서 펼쳐놓고
구름들의
신명 나는 춤사위

품었던 하루해가 기우뚱

제 몸에서 빠져나가는
하루분의 진액 한 그릇

하늘의 붉은 도마뱀이
언제 꼬리를 감출지 모른다

다시 비 내리고
해는 이미 기울어
짧은 하루해
어둠에 젖어 가고

나 또한 마지막 공연 끝내듯
서둘러 남은 생의
지하철을 탄다

봄비로 하여

봄의
첫 비를 마시고
긴 숨을 쉰다

젖살 오른 후
그 위 통통한
속살이 싹 틔우듯
솟아올랐다

사방 핏줄을 걸어
목숨의 줄기줄기
철마다 꽃으로
피어오른다

별나라 지구 고단하다

다시
지진, 산사태, 홍수
그리고 질병
언제부터인가
일상의 언어가 되어
버린 지 오래다

별나라 지구
점점 제 몸을 잃어가고
심장의 박동은 기진하여
살갗은 흑점들 투성이다

신은 얼굴을 감춘 채
추상같은 무언의 밀서

아찔한 어지럼증
별나라의 어두운 골목에서
영혼을 씻기 위해
모퉁이의 돌이 되려는
안간힘
지구는 고단하다

요양원 가는 길
— 스승 후백을 위하여

동두천시 생연동 D요양원
사월의 비가 추적추적 내리고 있었다

이별하는 것조차
이승에서의 요요한 느낌표

커피 한 잔에도 행복했던 당신
오늘 아침
아들의 부축 으며
고운 나들이 옷 갈아입고
요양원 가셨다는 전갈

당신은
이미 아는 병
결코 눈물 흘리지 않겠다는
단단한 다짐도 무너진 지 오래

물속 수초들이 엉키어 살 듯
스승과 제자란 이름
덜 자란 시인의 자리

격려와 사랑으로
성숙시켜주신 스승님
이 저녁만큼은
제자의 얼굴 분명히
볼 수 있는 기력 회복하소서

여의도 벚꽃길

꽃의 살빛
찬찬히 들여다본다

봄비에
촉촉이 몸을 적시며
뒤채는 저 유혹
어느 누구도 어쩌지 못한다

어깨 스치는 이 마다
가슴 열어 서로에게
스며드는 이 길
여기 선 누구나
오랜 친구가 된다

태반을 열어
꽃송이마다 터져 나오는 환희
꽃의 발화점이다

세상에서 힘든 일
한 줌씩 덜어내며
너의 연분홍빛 속살에
입술을 댄다
촉수 높여 너를 껴안아 본다

이 봄도 몇 생을 함께 걸어온 듯
여의도 벚꽃길을 걷는다

생명의 풍경들

봄 한 철
나무들은 꽃을
피우느라 분주하다
피고 또 피어나고

꽃들의 품 안으로
파고드는
나비들의 군무
한동안 젖에
굶주린 아가처럼

꽃 지고 다시
지고 나면
나무들은
제 몸 부풀리기
시작하고
마술사의 모자처럼
진초록의 잎들을 이고
있을 것이다

지구의 중심이 된
뿌리들은
그물처럼
엮어갈 것이고
그 속에서
내 생도 또 한 번
출렁할 것이다

또 하나의 봄날

봄이 나풀나풀
아지랑이 앞세워
오고 있다

연록의 속살로
다가오는
하루분의 햇살

또 하나의 봄이
가까이 올수록
세월이 남기고 간
파죽지세의 주름 계곡
차마 계절을
탓할 수는 없지만
그냥 모른 채
스쳐 가는 봄이고
싶어지는 것은
봄날은 늘
또 하나의 아픔이기 때문

낙화

꽃이 울고 있다
순간의 햇살 받아
붉었다가 다시
제자리로 돌아가는
청상과부

몇 번째 태어난 생이었을까
다시 태어나기 위해
후회 없이 추락하는
성스런 의식이여

꽃샘추위도 마다않고
견디며 피워낸 생명들

목숨의 길이
너무나 짧아
순교로 지는 봄꽃들

블래드 호수의
종소리 닮은 평안이
꽃잎 머리 위에 앉아
가볍게 눕는 저녁

꽃들의 방언

수양벚꽃 사이로
봄밤이 시리다

사나흘 낮 동안
신열로 붉더니
꽃샘바람에
이마가 차다

빈 정자 앞 의자에
쪽잠으로 햇살 받는
내력 많은 남자

꽃들은 저마다
방언으로 아우성
아직도 알아듣지 못하는
몇 달 전 집 나온
실업의 초입에서
서성이는 사람 하나

도무지 나무 이름이
생각나지 않아
수양벚꽃 아래
철야기도 중

태양의 바깥

선홍빛 노을 밑에서
노곤한 저녁을 펼친다

깊게 숨을 돌리는
한강 위로
드리워지는 생명과
삶의 의미들

지상에서 뿌려졌던
수많은 언어
지하철 지나는 소리
하늘로 상승하는 시간

겨울의 긴 밤
어둠의 빗장을 풀고
강물과 다리 위
현란한 빛깔로만
채워지는 물그림자

내일 아침
살이 차오를
태양의 바깥 풍경

천국의 종소리
— 슬로베니아 블래드 성 아래서

호수 안에 섬
섬 속에 보물처럼
동화 같은 성당 하나
한 폭의 그림이다

작은 돛단배로 건너온
육지의 신부가
신랑의 키스를 받는 순간
성당의 종소리와 함께
결혼식을 올린다

생에 단 한 번의
두 사람만을 위한
종, 소, 리
블래드 성* 꼭대기까지
상승한다
분명 천국의 종소리

*슬로베니아에 있는 17세기 고성

제4부

이렇게 말해도 될까요

이렇게 말해도 될까요

눈부신 날 당신은 꽃과 같습니다
이렇게 말해도 될까요

순결하고 윤기나는 머릿결 위에
얼굴을 묻고 싶습니다
푸른 잎 흔들릴 때마다 그 사이사이로
햇빛이 보석처럼 박혀 당신을 더욱
빛나게 합니다

당신은 오월의 여신
이렇게 말해도 좋을까요

공허한 이 삶의 계단에서
"그대와 나
하늘 한 자락 펼치고 살고 싶습니다"
그대에게 이 밤
이렇게 말해도 좋을까요

소멸에 이르러

추억이 있는 풍경 속으로
자꾸 빠져가고 있다

밤은 깊었고
하루의 아픔도 조용히
한낮의 빛과 함께 기울었다

아이들이 뒹굴던 공터도
어두워진 지금
나는 돌아오지 않는
오늘을 다시 기다리며

머리에 화관을 쓰고
사내아이들과 손잡고
철없이 뛰놀던 어린 시절
시간은 앞으로만 줄달음질 쳐
어느덧 눈은 희미해지고
머리칼은 윤기를 잃고
동화 속 거울을 마주 보고
서 있는 주름진 노파를 만났다

아, 나의 모든 기쁨은 빛을 잃고 저문다
화려했던 젊은 날의 향연이여,
충만한 소멸이여

사랑의 빛이여

사랑이여
창에는 별이 반짝이고
숲은 바람소리 새소리
기쁨의 노래로 가득하다

수양벚꽃 가지에 기대어 섰던
소녀들이 낯설게 돌아갔다
젊은 날의 즐거움 사라진 계곡

나의 사랑이여
순간의 그 순수했던 빛
이제 그 빛마저 숨어버리는
여름밤
꽃 피어 있던 자리
사랑을 잃고 저문다
그리움만 살아있어
세월 앞에 무릎 꿇는
뼛속의 뼈
어루만질 것이 없는 손은
늘 외롭다

관계

그와는 설익은 것뿐이다
몇 십 년을 어느 것 하나
제대로 익혀둔 것이 없다
그 흔한 정이었단 말도 그렇고
사랑이란 말은 더더욱 아니다

잠 오지 않는 밤을 뜬 눈으로
새워도 도무지 생각이 나지 않는다
이른 새벽녘 희미하게 기억되는 것 하나
섭섭한 이별 직전
그 뜨거운 눈빛
아직도 분명하다
마지막 남겨진 최후의
현란한 인사였을까

잘 익은 달걀 껍데기를 벗기면서
생각한다

그리움의 시간 오래 묵혀두면
완전한 눈물 닦을 수 있을까

나비부인 떠나다

푸른 조명이 어른대는
무대 위 덩그러니
서 있는 커다란 문 두 짝

기모노 대신 붉은 파파베로*
생계를 위한 기생 가부키
그녀는 사랑의 가치를
목숨으로 대신했다
조금도 슬프지 않다

나비부인 그대의 결기
알몸으로 태초의 빛 섞어
따뜻한 방안이 되는 것은
생명보다 귀한 것 때문이었지
몸을 섞는 저 단순한 행위
사랑이라 말해도 되는지 몰라

정갈한 보자기에 싸두었던
지울 수 없는 추억
사랑의 가면 뒤에 오는 문장 마침표

서둘러 찢어진 군화 버리듯
떠난 핑커톤**이여
나는 그대가 아닌 나를 위해
눈 맑은 영혼으로
여기 죽음의 문을 두드리네
"나의 사랑이여, 안녕"

*파파베로 - 양귀비속
**핑커톤 - 나비부인의 애인

절대 안정의 시간이 필요하다

캄캄한 벼랑 끝
수시로 폭파되는
지구의 불장난
금방이라도 쏟아져 내릴 것 같은
우리들의 이마 위
넘실대는 망상의 전류
부화가 걸렸다

풍경은 어둠 속에 갇히고
핵을 안은 불량한
하이에나들이 눈을 번쩍이며
먹잇감을 노리고 있다

진종일 모래
바람 부는 언덕에서
향방의 귀를 잃고
눈 뜨지 못하는 허물어진 이성의
혼수상태 조국이여
지금은 절대안정의 시간
더 이상 몸을 옴짝달싹할 수 없다
오체불구, 아, 나의 슬픈 나라여

하루 그 무게 위에서

저녁해처럼
저무는 하루

그 무게 위에서
또 한 가닥 슬픔이
긴 긴 그리움으로
눕는다

완도·1
— 신기리 마을

사람과 바다가
하나 되어 사는 땅
앞마당이 바다고
바다의 손끝이
치맛자락을 흔든다

여느 바다처럼
거센 파도도
거대한 배도
오지 않는 곳
마냥 조용한 물결이
아기들의 장난처럼
차알-싹
흰 포말조차도
숨죽여 오는 이곳
참으로 순전의 아가가
맨발로 자박자박
걸어오고 있다

완도·2

지금 완도에선
다시마, 미역이
그리고 전복이
살이 찌는 계절

빠알간
노래하는 등대가
기하학적 몸을
용트림하며
하늘을 오르고 있다

푸른빛 물결과
붉은빛 노을이 섞여
파스텔톤의 몽환적
그림을 그려낸다

윤 시인의 화첩 위에
낱낱이 기록된
오늘 하루치의 목숨들

밖은 꽃이 지천인데

102동 아파트 맞은편
옥탑방 빨랫줄에
미세먼지 먹은 햇살이
꽃잎 지듯 흔들린다

몇 년째
공시생의 시린 심장
아직도 봄을 낳지 못했다

밖은 꽃이 지천인데

지난 계절의 노래들

초겨울 산꼭대기부터
안토사아닌에 중독된 나뭇잎들이
취한 듯 서서히 내려오기 시작했다

먼 숲에서 따라온
텃새 한 쌍이
적막 위에 슬픔처럼 앉아있다
지친 날개와 지난 계절의 노래들
외로움의 뿌리가 천천히
동면으로 접어들기 시작한다

아직 보일 듯 말 듯한 끝머리
얼룩 같은 일기예보에
상심 깊어 그만 날개를 접는다

심장을 두드리는 바람
'견디세요, 이 또한 지나가리니'

낙엽송 빈 가지 위
까치집 하나

오직 겨울 하늘만 받들고 있음을 본다

텃새

어머니의 바쁜 발걸음은
늘 부엌을 향했다

일곱 남매의 입안에
먹이를 물어다 주는
허허로운 나무 둥지의
텃새 한 마리

고달픈 시간들은
풀 죽은 날개
다시 일으켜 세우는 것
일과였다

하루를 가로질러
이틀, 사흘을 앞당겨
노동의 부피를 늘려가던
참을 수 없는
존재의 삶

불 꺼진 시간
아직도 어머니의 윗목에선
깊은 기도 철야 중
'자식들에게 하나님의
살아계심을 알게 하소서'

산다는 것

환희였다가 절망이었다가
미세먼지
어제 나쁨, 오늘 보통
내일 좋음, 맑음

박태기꽃

초저녁
여물지 않은
어둠의 공복 속에서
성급한 박태기나무는
꽃받침 하나 없이
사월의 꽃을 피웠다

진분홍꽃들의 연속성

늦은 귀갓길
시간의 꽃가지로
허기진 목숨을 위해
수첩 갈피마다
꽃잎 몇 장씩 누인다

세상의 어떠한
그물망에도 갇히지 않는
오직 단 하나의
생을 위해

투표 날 아침

한 표의 참정권을 위해
한국의 여성은
얼마나 긴 어둠의
잠을 잤는가

여성 자유를
관조하는 시간
참으로 길고 고독했다
여성이란 이름 때문에
유린당했던 주권

일천구백사십팔 년*
드디어 남성에게서
사회에서 해방된
진정한 여성의 탄생

여성들의 한 표의 무게
얼마나 소중한가
민주주의를 지키고
나라를 지키고

여성을 지키고
나를 지키는 일

오늘
여성의 한 표를
저울에 달아보면
몇 kg이나 나갈까
빈 저울에 몇 번씩
올라갔다 내려갔다 하는
투표날 아침

*1948년 - 한국여성 투표권 부여됨

사랑이여

내 너를 위하여
옷깃 여미노니
사랑이여
이제껏 열지 못했던
너의 영원한
몸을 열어라

아직도 못다 푼
사랑 있다면
이제
나를 위하여
여기 너의
심장을 열어다오
사랑이여

백야

저녁노을이
스스로 여명이 되는
밤 내 전깃불 없이도
글을 읽을 수 있는 신비

꾸뚜조바 강변에서
백야를 송별하는
시민들의 얼굴이
아침 선홍빛으로 물들다

백야가 주는
저 신비로움의 침묵
하얀 밤빛의 비밀
발을 디뎌도
닿지 않을
하늘의 깊이
도저히 접을 수 없는
몸의 중심을
백야의 공중에 걸어둔다

홍금자 작가연보

홍금자 작가연보

1944년 2월 19일

경기도 수원시 서둔동에서 부친 홍석남, 모친 김우순 님의 칠 남매 중

장녀로 출생

수원 매산초등학교와 수원여자중학교 졸업

서울로 올라와 수도여자사범대학교 국어국문학과를 졸업

원주 성화여고에서 교편 일 년을 마친 후,

서울에서 고등학교 교편생활

1969년 11월 16일

이경배(강서구 · 마포구청장 역임)와 결혼

아들 응준, 딸 경훈 남매를 둠

십여 년의 교편생활을 접고 시를 쓰기 시작

1987년

- 한국예술총연합회 기관지 《예술계》에 시 〈유월의 하늘〉 〈길〉 〈여름 바다〉가 황금찬, 김혜숙 시인의 심사로 신인상을 받으며 등단
- '생활동인회' '문촌동인회'와 '예술시대' 동인에 참여
- 첫 시집 《창가에 심는 그리움의 나무》 출간

1992년

- 한국문인협회 해외세미나에 참석
- 러시아 및 카자흐스탄 알마타에서 한국대표로 시낭송
- 《너는 바다크기로 내안에 들어와》 시집 출간
- 《하늘에 걸린 정원》 황금찬 · 홍금자 2인 시집 출간
- 〈윤동주문학상〉 수상

1993년

- 문예지 《시마을》 편집장을 맡아 창간호를 발간
- 시마을시낭송회 발족
- '한강 맑히기 선상' 환경 행사 시낭송(예술시대 주최)
- 제1회 삼개(마포) 시낭송회 개최(시마을, 마포문화원 공동주최)

1994년

- 세종문화회관 개관 기념 시화전 기획 전시
  (박두진 황금찬 조병화 홍금자 외 41명)

1995년

- '예술계' 회장에 선임되어 '물 사랑하기'
- 예술 한마당 기획 공연(세종문화회관 분수대 앞)
- 《너는 바라보는 것만으로도 기쁨인 날》 (시선) 출간

1996년

- '시마을문학회' 대표로 선임
- 문학의 해 기념 문인극 〈어미새 둥지에서 새끼들 날려 보내다〉 공연
  (작품-이근삼, 연출-차범석)
  - 주최 : 96 문학의 해 조직위원회, 주관-한국희곡작가협회
  - 후원 : 문화체육부, 한국문화예술진흥원
  - 일시 : 1996년 12월 12일~15일
  - 장소 : 문예회관 대극장
  - 특별출연 : 황금찬, 조경희
  - 출연 : 유현종 김국태 김지향 박정희 윤강로 김이연 이광복 강난경
    오정인 홍금자 박공서 고성의 서근희 김완수 이승철 김종제

1997년

- 《그대 따라 나서는 길》 시집 출간

1999년

- 문인극 〈양반전〉 출연
  - 원작 : 박지원, 각색 : 유현종, 연출 : 김국태 유현종
  - 일시 : 1999년 4월 2일~3일

- 장소 : 문예회관 대극장
- 출연 : 황금찬(양반 부), 김국태(양반), 문정희(기생춘정)
하지찬(천가), 홍금자(천가 처), 김종해(박진사), 박정희(박진사 처),
이근배(박달), 조경희(고모)

2000년

• '제1회 청각 장애우를 위한 시와 음악 축제'
- 한국자막방송과 시마을문학회가 공동 개최(정동극장)

• 《어머니 찾아가기》 (김수환 추기경 외 공저) 출간

2001년

• '제2회 장애우를 위한 시와 음악 축제' 개최
• 새천년 한국문학상 수상
• 《목마른 나무가 되어》 시집 출간

2002년

• '제3회 장애우를 위한 시와 음악 축제' 개최
• '아시아시인대회' 참가(중국 시안)
- 성찬경, 이근배, 유안진, 신달자, 김정인, 홍금자 등

• 《새벽강 저쪽》 (시선) 시집 출간

2003년

• 제4회 장애우를 위한 시와 음악 축제 및 우리 시 사랑하기' 개최
(잠실운동장 축시 낭송)

• 마포문화원 특별초청 홍금자 시인 시낭송회 개최

- 일시 : 2003년 8월 18일(월) 오후 3시

- 장소 : 마포아트홀 3층 공연장

2004년

• 좋은시 우리노래 창작가곡의 밤 개최

- 일시 : 2004년 6월 3일

- 장소 : 이원문화센타

• 제1회 마포구문화상 수상

2005년

• 《고삐풀린 시간들》 시집 출간

2006년

• 교성곡 한강 환타지 한국 초연-서울그랜드앙상블 창단공연 때 연주

- 교성곡 : 한강환상곡(서사시-홍금자, 작곡-이동훈)

- 지휘 - 최선용

- 연주 - 서울그랜드앙상블, 서울심포니오케스트라

- 일시 - 2006년 12월 2일 오후 2시

- 장소 - 예술의전당 콘서트홀

• 울림예술대상 수상

- 주최 - 한우리오페라단, 한겨레신문사, 서울심포니오케스트라

- 후원 - 서울특별시, 한국문화예술위원회

• 문인극 〈맹진사댁 경사〉 출연

- 원작 : 오영진, 연출 - 강대홍, 기획-전옥주
- 출연 : 김경식 김규은 김유선 김홍우 박미경 박순녀 박정기 박정희
성춘복 유자효 이근배 이길원 정승재 조병무 지연희 최금녀
홍금자 황금찬
- 일시 - 2006년 9월 29~30일
- 장소 - 문학의집서울

2007년

• 호국보훈의달, 육군군악연주회에서
- 가곡 : 〈그날이여〉(시-홍금자, 작곡-이안삼) 연주
- 일시 - 2007년 6월 14일 (목) 19시 30분 - 장소 - 서울 KBS홀(여의도)
• 《신동아》 6월호 '홍금자 시인 인물' 특집게재
• 영등포구 주최 '서울가곡제' 운영위원 선임
• 《문학의 풍경화》 출간
• 《사랑은 시가 되었다》 (공저) 출간

2008년

• 제1회 창작시 가곡의 밤 개최
- 일시 : 2 008년 6월 9일 오후 7시
- 장소 : 문학의집서울
(시인-황금찬 허영자 김후란 신달자 오세영 최문자 문효치 전길자
김세영 이희자 이채민 김형수 이오례 홍일중 홍금자
(작곡자-최영섭 임긍수 이안삼 김효근 정희치 박경규 외)
• 동아일보와 조선일보 관련 기사 게재

• 대한민국 가곡제에서 시 〈푸른 봄날엔〉이 대상 수상
(시-홍금자, 작곡-이일찬)
• 대한민국지역문학 전국 시 · 도 문학인 교류대회에서 대회
• 축시 〈빛고을에서 펼치는 문학메카의 무도회〉 낭송
• 《잎새 바람》 시집 출간
• 《나는 누구인가》 (공저) 출간

2009년

• 서울시 주최 김기림 시 〈길〉 낭송(시청 광장)
• 제2회 '서울가곡제' 개최
- 일시 : 2009년 9월 29일(화) 오후 7시 30분
- 장소 : 영등포아트홀
- 시인 : (고)박두진 김남조 허영자 유안진 오세영 (고)이은상
(고)이수인 김년균 문효치 홍일중 김형수 이기철 조영식 송길자
(고)김유선 김효근 전경애 홍금자
- 성악가 : 김영은 강혜정 송기창 조정순 김남두 이현정 이재욱 장유상
김향란 김학남
• 순수문학 대상 수상

2010년

• 《지상의 노래》 영역시집 출간

2011년

• 제1회 '시와 음악이 있는 풍경' 시낭송회 개최

- 일시 : 2011년 4월 9일~30일 (매주 토) 오후 5시
- 장소 : 교보문고 광화문점 선큰 광장
- 시인 : 황금찬 유안진 문효치 전길자 이채민 이애진 김수희 김경옥 최애자 이현진 박은실 김정래 김수희 이오례 강흠경 노희정 황창순 정순임 박해자 정해원 전명숙 임상섭 윤수아 최영희 김문중 김현재 이희자 이동훈 전재섭 최경숙 김정래 이송자 이윤주 김말희 홍금자
- 음악가 : 위호선 정창식 박현진 김부녀 문희주 김성은 김상복

• 11월 2일~11월 4일 영등포구 문화사절단으로 일본 기시와다시 방문
• 일역시집 《고도를 기다리며》 출간
• 제1회 전국지역신문협회문화예술 대상 수상

2012년

• 구상문학상 운영위원 선임
• 제78차 국제PEN대회 시낭송(경주 금장대)

2013년

• 러시아 문학세미나 참석
• 한국문협 서울지회 이사
• (사)한국문인협회 평생교육원 위원장 및 초대 시낭송 교수 선임
• 한국기독교문학상 수상
• 한국문인협회 월간문학상 수상
• 《언어를 모종하다》 시집 출간
• 《시낭송의 즐거움》 출간

2014년

• 제7회 '서울 문화의 날' 기념 시낭송(서울 시청 광장)

• 《그리움의 나무로》 활판시집 출간

2015년

• 《시낭송 어떻게 할 것인가》 출간

2016년

• 황금찬 시인의 문학적 업적을 기리기 위해 제1회 황금찬 전국 시낭송 대회 개최

- 일시 : 2016년 5월 28일
- 장소 : 예술가의 집

• 세계한글작가대회 시낭송과 가곡의 밤에 시극 〈선덕여왕과 지귀의 사랑〉 기획 연출 (출연-홍금자 장충열 홍성훈 김철기 오현정)

• 《시간, 그 어릿광대》 시집 출간

2017년

• 제2회 황금찬 전국시낭송대회 개최

- 일시-2017년 6월 17일
- 장소-예술가의 집

• 영등포 국회의사당 동편 무대에서 홍금자 시인 북콘서트 개최

• 제1회 영등포문학상 수상

2018년

• 영등포문인협회 회장 선임

• 한국문인협회 주최 문예지 콘테스트에서 《영등포문학》 우수상 수상
• 시마을 시낭송회 주최로 영등포 교보문고 '티움'홀에서 한 달 동안 매주(토) 시낭송회 개최
- 시인 : 허영자 신달자 전길자 박영희 이애진 최영희 이정현 이오례 황창순 이임진 김옥춘 이순례 김춘자 정태순 이정희 이상임 양송임 홍금자
• 영등포구민과 함께하는 '문학2018 시와 노래' 개최
- 일시 : 2018년 10월 22일(월) 15시 30분
- 장소 : 영등포아트홀 2층
• 영등포구 후원으로 '문학의 즐거움' 문학 강의
- 일시 - 2018년 2월 5일~2월 16일
- 장소 - 영등포구청별관 제2평생학습센타

2019년

• 영등포구민과함 께하는 '문학2019 시와노래' 개최
- 일시 : 2019년 10월 10일(목) 15시
- 장소 : 영등포아트홀 2층
• 문학의집서울 합창단 창단기념 공연 (2019년 12월 20일)
• 국제PEN한국본부 펜문학상 수상
• 국제PEN한국본부 공로상 수상
• 《외줄타는 어름사니》 시집 출간

2021년

• 《창조문예》 7월호 특집 '홍금자 작가연구' 게재

- 대표작 10편(시), 연보, 나의 문학 나의 신앙, 홍금자 작품론(박이도 조병무시인 작품평)

• 시인만세 인터뷰(문학아카데미) '홍금자 시낭송교실' (대담-이정현 시인)

2023년

• 《풍경이 지워지는 저녁이면》 시집 출간

• 《지상에는 시가 있었네》 시집 출간

2023년 현재

국제PEN한국본부 이사, 한국여성문학인회 회원, 한국기독교문협 이사, 한국시인협회 상임위원, 영등포문협 고문, 일성여중고 문예반 강사, 마포문화원 전문위원으로 활동

시집

《창가에 심는 그리움의 나무》 (1987 등지)

《너는 바다 크기로 내 안에 들어와》 (1992 혜화당)

《하늘에 걸린 정원》 (1992 황금찬, 홍금자 2인 시집 혜화당)

《너를 바라보는 것만으로도 기쁨인 날》 (시선 1995 청학)

《그대 따라나서는 길》 (1997 등지)

《목마른 나무가 되어》 (2001 토우)

《새벽 강 저쪽》 (시선 2002 모아드림)

《유년의 우물》 (2002 마을)

《우수 날의 강변》 (2005 모아드림)

《고삐 풀린 시가들》 (2005 순수)

《잎새 바람》(2008 연인)

《지상의 노래》(영역시집 2010 순수)

《고도를 기다리며》(일역시집 2011 순수)

《언어를 모종하다》(시선 2013 등대지기)

《그리움의 나무로》(활판 시선집 2014 시월)

《시간, 그 어릿광대》(2016 미네르바)

《외줄 타는 어름사니》(2019 신아)

《풍경이 지워지는 저녁이면》(2023 계간문예)

《지상에는 시가 있었네》(2023 계간문예)

수필 · 시 · 이론서

《문학의 풍경화》(홍금자 2007)

《시낭송의 즐거움》(홍금자 2013)

《시낭송 어떻게 할 것인가》(홍금자 2015)

《어머니 찾아가기》(김수환 외 공저 2000)

《시의 이슬은 이 아침에도》(허영자 외 공저 2004)

《나에게 문학은 무엇인가》(황금찬 외 공저 2007)

《나는 누구인가》(김남조 외 공저 2008)

《사랑은 시가 되었다》(신경림 외 공저 2007)

《간이역 간다》(이건청 외 공저 2011)

《시로 쓴 유언》(나태주 외 공저 2008)

《천관산문학공원시비시집》(2002)

《계명성시비공원시집》(문병란 외 공저 2007)

수상

윤동주문학상(1992)

새천년한국문학상(2001)

마포구 제1회 문화상(2004)

울림예술대상(2006)

순수문학대상(2009)

제1회전국지역신문협회 문화예술대상(2011)

한국기독교문학상(2013)

한국문협 월간문학상(2013)

제1회 영등포 문학상(2017)

국제PEN한국본부 펜문학상(2019)

국제PEN한국본부 공로상

가곡 시

〈천년의 그리움〉(김규태 곡)

〈한강 환상곡〉(이동훈 곡)

〈그날이여〉(이안삼 곡)

〈오월의 향기〉(이재석 곡)

〈잎새 바람〉(이안삼 곡)

〈상사화〉(이연승 곡)

〈잊지 못하는 까닭〉(정애련 곡)

〈푸른 봄날엔〉(이일찬 곡)

〈빈자리〉(진규영 곡)

〈선유도 이야기〉(김경자 곡)

〈사랑은〉(이안삼 곡)

〈그리움 하나〉(신귀복 곡)

〈한강〉(최현석 곡)

〈제주 풍경〉(최영섭 곡)

〈양원초등학교 교가〉(최영섭 곡)

〈사랑의 나무〉(임긍수 곡)

〈그 사랑 앞에서〉(허방자 곡)

계간문예시인선 187

홍금자 시집 _ 풍경이 지워지는 저녁이면

초판 인쇄 2023년 8월 19일
초판 발행 2023년 8월 25일

지 은 이 홍금자
회 장 서정환
발 행 인 정종명
편집주간 차윤옥

펴 낸 곳 도서출판 계간문예
주 소 03132 서울 종로구 삼일대로 30길 21 종로오피스텔 1209호
전 화 (02) 3675-5633 팩스 (02) 766-4052
이 메 일 munin5633@naver.com
홈페이지 http://cafe.daum.net/quarterly2015
등 록 2005년 3월 9일 제300-2005-34호
연 락 처 03132 서울 종로구 삼일대로 32길 36 운현신화타워 305호
인 쇄 54991 전북 전주시 완산구 공북1길 16, 신아출판사
ISBN 978-89-6554-274-2 04810
ISBN 978-89-6554-118-9 (세트)

값 12,000원